RAPPORT

SUR LE

PRIX LE DISSEZ DE PENANRUN

Lu dans la séance du 18 mai 1889

PAR

LE COMTE DE FRANQUEVILLE

MEMBRE DE L'INSTITUT

<hr>

PARIS

ALPHONSE PICARD, ÉDITEUR

82, RUE BONAPARTE, 82

1889

INSTITUT DE FRANCE

ACADÉMIE DES SCIENCES MORALES ET POLITIQUES

RAPPORT

SUR LE

PRIX LE DISSEZ DE PENANRUN

Lu dans la séance du 18 mai 1889

PAR

LE COMTE DE FRANQUEVILLE

MEMBRE DE L'INSTITUT

PARIS

ALPHONSE PICARD, ÉDITEUR

82, RUE BONAPARTE, 82

1889

EXTRAIT DU COMPTE RENDU

De l'Académie des sciences morales et politiques

(INSTITUT DE FRANCE)

PAR M. CH. VERGÉ

Sous la direction de M. le Secrétaire perpétuel de l'Académie

RAPPORT

SUR LE

PRIX LE DISSEZ DE PENANRUN

Lu dans la séance du 18 mai 1889

—————

L'Académie est appelée à décerner, pour la première fois, cette année, le prix Le Dissez de Penanrun. L'auteur de cette fondation est un homme de cœur et de bien qui, pendant de longues années, a dignement représenté la France, en qualité de consul général à Jérusalem. Par un acte de rare modestie, M. de Barrère a demandé que la récompense décernée au moyen de la rente dont il nous a dotés, portât le nom de sa mère : tout en respectant cette volonté, l'Académie ne saurait manquer d'adresser au généreux donateur l'expression de sa reconnaissance.

La Commission (1) que vous avez chargée de vous soumettre des propositions relativement à l'attribution de ce prix nouveau croit devoir en préciser nettement le caractère. D'après l'acte de fondation, la somme de deux

(1) La Commission est composée de MM. Nourrisson, Baudrillart, de Franqueville, Courcelle-Seneuil, Duruy et Albert Desjardins.

mille francs qui en représente le montant, est destinée à « récompenser et encourager un auteur, dont les travaux rentreraient dans le cadre des attributions de l'Académie. » Ces termes ouvrent à notre appréciation le champ le plus large ; ils n'imposent aucune restriction ni quant au sujet des ouvrages, ni quant à la date de leur publication. Cette extrême latitude n'a pas été sans causer à la Commission quelque embarras. On a tout d'abord posé en principe qu'il n'y avait pas lieu d'attribuer le prix à un auteur dont le travail aurait été récemment couronné, et qu'il convenait d'en faire profiter un écrivain dont les publications n'avaient pu recevoir une récompense, soit à raison de leur nature, soit à cause de l'insuffisance du nombre des prix dont peut disposer chacune des sections. Divers noms ont été prononcés et la Commission aurait pu facilement en signaler plus d'un à vos suffrages, mais le prix étant unique et ne pouvant se diviser, elle n'a pas hésité à penser qu'il y a lieu de l'attribuer à M. Henri Doniol, correspondant de l'Institut.

I

M. Doniol a publié divers travaux importants, dont la Commission se borne à rappeler les plus considérables. Le premier est une *Histoire des classes agricoles en France*, écrite à l'occasion d'un concours ouvert par l'Académie. Le mémoire présenté à vos suffrages ne fut pas jugé digne du prix, mais M. Guizot eut soin de faire remarquer que, si l'on y pouvait relever certains défauts de style et de méthode, il présentait en somme les plus sérieuses qualités. Cet ouvrage, disait notre illustre confrère, est « un travail considérable, plein d'une érudition étendue et puisée aux sources que l'Académie avait elle-même ouvertes aux con-

currents ; les lois générales, les coutumes locales, les actes
et contrats de tout genre qui révèlent la vie privée, les
récits des historiens, les chroniques des provinces et des
villes, y sont tour à tour invoqués à l'appui des vues souvent ingénieuses de l'auteur ; il a donné au côté économique de la question une attention constante et qui ne
manque pas de profondeur ; quelquefois même il pénètre
plus avant que ses concurrents dans certaines parties
obscures et un peu détournées du sujet, en sorte que son
ouvrage est en même temps complet quant à l'ensemble
et curieux par des détails ailleurs ignorés ou négligés (1). »

II

Le deuxième livre que la Commission croit devoir rappeler est intitulé : la *Révolution française et la féodalité.* C'est
une étude très sérieuse et très intéressante sur la suppres-
sion des droits féodaux, qui a été le signal le plus expressif
et le plus décisif de la fin de l'ancien régime. M. Doniol
constate, avec raison, que « l'antipathie de la France pour
le régime seigneurial datait de loin » et que, depuis le
treizième siècle, les populations n'avaient cessé de lutter
pour y échapper. « Le Gouvernement, les hommes d'État
et les publicistes avaient travaillé constamment à les y
soustraire, et il n'avait dépendu ni des ministres illustres
qui gouvernèrent notre pays, ni des magistrats éminents
qui les y aidèrent, que la féodalité ne disparût avant la fin
du xviii⁰ siècle. » Richelieu lui-même n'avait pu lutter
contre les intérêts coalisés qui s'opposaient à toute réforme : pour vaincre cette formidable résistance, il fallait

(1) Rapport lu dans la séance du 30 avril 1853. — Analyse du mémoire n° 3.

une force dont la puissance ne se révéla pleinement qu'en 1789, celle de l'opinion.

Le mouvement fut irrésistible et un seul coup suffit pour abattre toute l'ancienne organisation sociale et toute la vieille hiérarchie des personnes et des biens. On ne voulut pas seulement s'affranchir de certaines charges matérielles, on attacha un prix égal, sinon supérieur, à faire disparaître les droits devenus inoffensifs, dont le maintien accusait les inégalités sociales. « Toutes les irritations de l'amour propre, comme tous les ressorts de la dignité, s'étaient unies aux exigences des intérêts » pour rendre le mouvement irrésistible. M. Doniol le constate, d'ailleurs, avec une grande équité, la noblesse n'était pas seule à blâmer ; celui qui suscitait le plus de plaintes et de haine était souvent « le dernier seigneur ou celui d'avant, seigneur récent, hier procureur au juge, laboureur même il y a peu d'années, et d'autant plus méprisant. »

Sans doute, on est allé trop vite, sans doute la passion a remplacé la justice, sans doute les ruines ont été accumulées. « Dans la sphère des intérêts et du patrimoine, dans ce qui crée l'échange et la vie économique, tout fut à refaire, il semble que la société recommença. » Mais il faut tenir compte de l'immense obstacle que présentaient des institutions sociales défendues par une durée immémoriale. Comme le dit justement l'auteur, la Révolution française eut à briser cette barrière énorme, non-seulement pour notre pays mais encore pour tous les autres peuples.

Depuis lors, une réforme analogue s'est produite, par des moyens divers, dans le reste de l'Europe. M. Doniol expose les phases principales de ce mouvement, dans une série de tableaux pleins d'intérêt. Il s'attache notamment à retracer ce qui s'est passé en Angleterre, il montre comment ce grand et sage pays a « organisé l'extinction des anciens droits avec calme et patience, conduit le seigneur et le tenancier à trouver respectivement leur

avantage dans le changement de leurs anciens rapports,
à s'y attendre ou à s'y entraîner l'un l'autre, à l'opérer par
le jeu seul de leur utilité commune et de leur libre arbitre. »
Il insiste sur ce parallèle malheureusement défavorable à
la France, en faisant ressortir tout ce que valent « l'union
si profonde, en Angleterre, du respect des faits, du sentiment des droits acquis, avec l'intérêt public, et la confusion
si complète qui a été faite de la justice avec l'utilité, dans
une réforme sociale aussi marquée chez nous par le sacri-
fice de l'utilité à ce que l'on croyait être la justice. »

III

Quel que soit le mérite des deux ouvrages qu'elle vient
de signaler, la Commission a plus particulièrement porté
son attention sur un livre nouveau et plus considérable
encore : c'est l'*Histoire de la participation de la France à
l'établissement des États-Unis d'Amérique*. La publication
n'est pas tout à fait complète ; trois volumes seulement ont
paru jusqu'ici. La Commission estime cependant que l'on
peut, dès à présent, apprécier le vif intérêt et la haute va-
leur de cet ouvrage.

La part prise par la France aux luttes qui ont assuré
l'indépendance des États-Unis n'a jamais fait l'objet d'une
étude spéciale. On connaît le départ de La Fayette pour
l'Amérique, le traité conclu en 1778 entre Louis XVI et
ceux que l'on nommait alors les *insurgents*, l'envoi de
l'armée de Rochambeau et de notre flotte unie à celle de
l'Espagne, enfin la capitulation infligée aux Anglais et la
paix de 1783, mais on ignore à peu près complétement
l'histoire diplomatique de ces grands événements. Leur
retentissement a été couvert par celui de la Révolution
française, et, sur ces faits comme sur tant d'autres, il s'est

créé une légende que les historiens ont successivement reproduite. Il semble que l'embarquement de La Fayette, traité par les uns d'acte héroïque, par les autres de folie, ait été la cause déterminante, sinon unique de l'intervention française ; on croit que des ministres frivoles ont abusé de la jeunesse et de l'inexpérience du Roi pour l'entraîner dans cette lutte redoutable ; certains auteurs ont même essayé d'attribuer à l'action de la Prusse une partie des succès des colons révoltés contre la mère-patrie.

M. Doniol s'est attaché à chercher, sur tous ces points, l'exacte vérité. Avec une rare sagacité, il a interrogé les documents authentiques encore existants, et il a suivi, pour les présenter, le plan naguère adopté par notre éminent confrère M. Mignet, dans sa publication des négociations relatives à la succession d'Espagne. Lettres et traités, dépêches et mémoires conservés dans nos archives ou dans celles des autres pays sont reproduits *in extenso* ou par fragments et reliés entre eux par une série d'éclaircissements, d'observations ou de récits qui les complètent, de telle sorte qu'ils forment un récit ininterrompu. Les pièces dont l'intérêt est moindre sont imprimées, comme annexes, à la fin des chapitres auxquels elles se rapportent respectivement.

Cet ensemble de documents et de commentaires ne répond pas absolument à ce que le titre de l'ouvrage semble indiquer : M. Doniol ne donne pas, à proprement parler, une histoire de la participation de la France à la guerre d'Amérique, mais seulement une histoire des négociations relatives à cette participation. Ils ne s'arrête pas à raconter les incidents extérieurs de cette lutte mémorable ; il ne les signale que dans les cas où cela lui semble indispensable pour la complète intelligence de son récit. Ce qu'il recherche avant tout, ce sont les faits inconnus, les mobiles qui font agir le gouvernement français, les traces de l'action du Roi et de ses ministres. Sur tous ces points, il fait la lumière. Dès les premières lignes, il montre M. de Vergennes signalant à Louis XVI la nécessité d'humilier l'Angleterre, car « il suffit de lire le traité de Paris, pour y puiser un sentiment d'indignation et de vengeance que le seul nom anglais doit inspirer à tout Français patriote. » Telle est la pensée maîtresse de ce grand ministre. La sympathie que peuvent inspirer les colons américains n'est qu'une considération secondaire ; les conquêtes, on n'y songe pas un moment ; le but unique, c'est le relèvement de la France. Une nation, dit-il, « une nation peut éprouver des revers et elle doit céder à la loi impérieuse de la nécessité et de sa propre conservation ; mais, lorsque ces revers et l'humiliation qui en a résulté sont injustes, lorsqu'ils ont eu pour principe et pour but l'orgueil d'un rival influent, elle doit, pour son honneur, pour sa dignité, pour sa considération, elle doit s'en relever lorsqu'elle en trouve l'occasion. Si elle la négligeait, si la crainte l'emporte sur le devoir, elle ajoute l'avilissement à l'humiliation, elle devient l'objet du mépris de son siècle comme des siècles futurs. »

M. Doniol montre avec quelle habileté, avec quel mélange de souplesse et de fermeté, Vergennes parvient à son noble but. Dès le mois de juillet 1775, notre ministre écrit à l'ambassadeur d'Espagne : « L'affaiblissement des Anglais préparera aux deux couronnes les moyens de reprendre, et peut-être même sans coup férir, la supériorité de considération et d'influence qui fait toujours la récompense d'une administration sage et bien compassée. Vous voudrez bien réserver pour vous seul des réflexions qui échappent à mon cœur. Je suis nourri dans le sentiment de la grandeur des deux puissances. » Bientôt après, il envoie en Amérique un agent secret.

Le Roi n'est pourtant pas encore décidé. Tandis que Beaumarchais, qui suit avec anxiété les événements, supplie M. de Vergennes de presser Louis XVI, Turgot conseille l'abstention, en se basant sur le chiffre des dépenses qu'entraînera nécessairement la guerre. Enfin la cour de Madrid hésite à rien entreprendre.

Cependant, dans les premiers mois de l'année 1776, le congrès fait exposer, par un agent secret qu'il envoie à Versailles, l'impossibilité dans laquelle il se trouve d'obtenir des armes, et il sollicite le concours de la France, à laquelle il veut s'adresser tout d'abord. Bientôt paraît l'acte qui proclame l'indépendance des colonies. Tandis que cet événement passe inaperçu et ne cause aucune sensation en Angleterre, Vergennes estime que le moment est venu d'agir, et, dans un conseil tenu le 31 août 1776, sous la présidence du Roi, il expose, avec une grande force, les motifs de sa conviction. Pendant ce temps, l'opinion publique accuse le gouvernement d'inertie, et c'est principalement à M. de Vergennes lui-même que l'on fait un crime de compromettre, en refusant d'agir, les intérêts de la couronne.

Le ministre ne se laisse pas plus émouvoir par ces accusations injustes et passionnées qu'il ne se laisse décourager par les incessantes hésitations de l'Espagne. Grâce à sa résolution et à sa prudence, notre pays venait de sortir de l'attitude effacée qu'il avait gardée jusqu'alors. Comme le dit M. Doniol, Vergennes « avait eu toute la hardiesse et toute l'audace que peuvent comporter ensemble le sens politique et l'esprit de mesure inspirés par un grand attachement pour son pays, il allait désormais montrer que la France était de nouveau forte. »

Dès la fin de 1776, les rapports entre le gouvernement du Roi et l'envoyé américain sont incessants et, le 15 novembre, notre escadre reçoit l'ordre de faire respecter notre pavillon, même par les armes. Les instructions données à la flotte ne sont pas seulement signées du Roi, elles sont écrites de sa main. Plus tard, dit M. Doniol, on pourra trouver Louis XVI « impropre ou opposé aux réformes sociales ou politiques, mais la dignité et le rang de leur maison, dans laquelle la nation se confondait, demeuraient l'affaire des souverains ; on reprocherait injustement à Louis XVI d'y avoir manqué. » Toutefois ce fut seulement à la fin de l'année suivante, le 17 décembre 1777, que fut signé le traité d'alliance et que fut définitivement reconnu le gouvernement des États-Unis. « Ni de plus nobles mobiles, ni une notion plus haute des liens entre nations n'ont présidé, en aucun temps, à des conditions d'alliance, à un accord de peuple à peuple. Les propositions du gouvernement du Roi étaient tout imprégnées des conceptions d'honnêteté, de justice, d'humanité, au sens supérieur du mot, dont la philosophie avait alors fait la trame même des choses pour les esprits cultivés. » ..... On a cru à l'absence de volonté propre chez Louis XVI, à la passivité de son caractère, à un empire dominant que ses ministres auraient exercé sur son esprit, et plusieurs continuent à y croire. Un billet privé, de l'heure même, détruit cette opinion là. « Ce n'est pas l'influence de « ses ministres qui a décidé le Roi, écrit M. de Vergennes, « c'est l'évidence des faits, c'est la certitude morale du péril ; « il n'est aucun d'eux qui ne répugnât à suivre un tel parti, « le Roi a donné le courage à tous. »

En annonçant au Président du Congrès la signature du traité, les envoyés s'exprimaient ainsi : « Nous avons rencontré, chez la Cour de Versailles, le plus grand dévouement ; on n'a ni pris, ni cherché à prendre avantage de nos difficultés présentes pour obtenir de nous des conditions désavantageuses, mais telles ont été la magnanimité et la bonté du Roi qu'il n'a rien proposé que nous ne pussions accepter de bon cœur dans un état de prospérité complète et de puissance reconnue. »

A partir du moment où la grande résolution a été prise, les difficultés redoublent. Il faut organiser les armées et les flottes, il faut négocier sans cesse avec l'Espagne, qui sans cesse se dérobe, il faut veiller sur les événements qui se passent en Allemagne, il faut enfin tantôt contenir, tantôt exciter la Prusse. Toute cette action, dont la plus grande partie était restée secrète, est mise en lumière, tous les faits sont établis par les preuves les plus irrécusables, par les témoignages les plus certains. M. Doniol réfute notamment Bancroft et les historiens de son école, qui ont essayé d'attribuer à l'Allemagne, un rôle considérable dans le succès de la lutte pour l'indépendance. « La vérité, dit-il, c'est que la justesse de vues et l'action mesurée du gouvernement de Louis XVI, ont assuré la coopération de la Prusse à la politique engagée par lui. Lui seul, dès le premier jour, a tout prévu et tout conduit en faveur de l'Amérique. »

L'auteur fait également ressortir les incessantes difficultés que causent à la France les Américains eux-mêmes. D'une part, ce sont des demandes d'argent continuelles : « On composerait, dit-il, un livre de leurs sollicitations d'argent ou de crédit auprès de Louis XVI et des engagements que ce monarque souscrivit, garantit ou appuya. A cet égard, sa constance ne fut ébranlée, ni par la pénurie de ses finances, ni par les difficultés qui découlèrent, pour l'entretien de nos troupes, des conditions qui régnaient aux États-Unis. » D'un autre côté, il existe, en Amérique, un parti nombreux qui désire le maintien de l'union avec l'Angleterre, et les divisions sont si profondes, que notre ministre ayant voulu donner un bal, on le prie d'y renoncer, tant sont vives les animosités, « surtout entre les femmes. » Enfin l'armée des *insurgents* est dans un pitoyable état. Lorsque notre flotte aborde les rivages du Nouveau-Monde, « la plupart des soldats sont encore chez eux... l'armée est en *ondulation* continuelle, composée, dit Pontgibaud, de beaucoup de curieux comptés pour des soldats et présentant un spectacle bouffon. » Et lorsque d'Estaing est forcé par l'insuccès d'une expédition bien combinée, mais « livrée à l'inconstance des éléments » de s'éloigner pour réparer ses vaisseaux, le général américain Sullivan déclare que cet événement « montrera l'Amérique capable de s'assurer, par ses propres forces, le secours que ses alliés lui refusent. »

Rien n'ébranle la constance du Roi et de ses ministres. M. Doniol le constate avec raison, « la conduite du gouvernement de Louis XVI envers la nation américaine serait déjà exemplaire, eu égard aux dispositions que celle-ci nous montra et aux difficultés qu'elles nous créèrent, aux exigences qu'il fallut supporter : une plus honnête, une plus dévouée, une plus noble, depuis le premier acte jusqu'au dernier, s'est rarement présentée au jugement de l'histoire. »

Le troisième volume de l'ouvrage se termine au moment où le Roi d'Espagne se décide enfin à seconder notre action. Tandis que la France a renoncé d'avance à toute conquête, Charles III tient à s'assurer certains avantages et son concours n'est pas désintéressé. Louis XVI, heureux de voir se resserrer les liens du pacte de famille, auquel il ajoute le plus grand prix, cède aux exigences de son oncle et M. Doniol, après avoir cité la lettre que le Roi expédie aussitôt à Madrid, pour témoigner sa joie, ajoute avec raison : « Est-ce se tromper de croire que l'histoire appréciera la simplicité de ce langage et y verra une attestation du sentiment droit, calme et tout animé par l'esprit de justice avec lequel Louis XVI et ses conseillers entreprenaient la lutte à deux contre l'Angleterre, quoique ce fût dans des proportions exigées par un allié que son propre intérêt seul inspirait. »

Le dernier volume de l'ouvrage nous fera connaître la fin de l'histoire diplomatique de ce grand drame. Les hommes d'État américains « ne donneront pas au Roi et à ses conseillers la seule déception de les voir manquer de foi, mais celle encore de les entendre s'en vanter, et nous assistons à des efforts répétés de leurs descendants pour leur en faire plus qu'un mérite, une gloire... A notre insu, au mépris des stipulations essentielles et réitérées du traité, ils négocieront la paix avec l'Angleterre, ils la signeront sans nous prévenir... Les inspirations de l'égoïsme dans les rapports des peuples, dit avec raison l'auteur, semblent dictées par une loi fatale qu'il faut graver au frontispice de chaque nation nouvelle. »

Parmi les mérites que la Commission a particulièrement remarqués dans l'ouvrage de M. Doniol, il en est un surtout qu'il convient de signaler, parce qu'il est malheureusement trop rare dans les œuvres historiques. Macaulay se plaignait naguère que l'esprit de parti eût « empoisonné les sources de l'histoire d'Angleterre. » Combien cette remarque pourrait s'appliquer avec plus de force encore aux livres qui traitent de faits relativement récents. Le souvenir de chaque événement soulève les passions les plus vives et l'histoire n'est, le plus souvent, qu'un plaidoyer en faveur de la thèse favorite d'un auteur. M. Doniol, et l'on ne saurait lui en faire un reproche, n'est pas un partisan de l'ancien régime, mais il sait demeurer impartial et juger, avec une parfaite bonne foi, les hommes dont il parle. Son unique souci est de découvrir la vérité et de la faire éclater. Il n'hésite pas à détruire les fausses légendes, à rétablir les faits controuvés, à redresser les jugements iniques, à présenter, sous leur jour véritable, les actes dont les mobiles ont été jusqu'ici mal connus. On peut notamment citer comme preuve de l'indépendance de son esprit, la façon dont il apprécie le caractère de Louis XVI et celui du comte de Vergennes. Ce n'est pas sans étonnement que l'on voit ce Roi, qui se montrera plus tard si indécis et si faible, donner des preuves répétées de volonté et d'énergie, déployer, au moment le plus grave, une résolution virile et « donner le courage à tous. » Mais la figure qui ressort particulièrement, à tous les instants des négociations, c'est celle de Vergennes; elle est complète. L'union de l'audace et de la prudence, de la loyauté et de la finesse, de la fermeté et de la patience, la dignité ferme, la clairvoyance intelligente, le noble désintéressement, enfin ce qui domine tout, l'ardent patriotisme et le sentiment de la grandeur de la France : telles sont les qualités, tels les mobiles de cet incomparable ministre.

En jetant la pleine lumière sur les événements et les hommes appelés à les diriger, M. Doniol a eu la bonne fortune de retracer une histoire dont toutes les pages sont glorieuses pour notre pays, de dire le dernier mot et de porter un jugement définitif sur un des actes les plus considérables des annales de l'humanité.

ORLÉANS. — IMP. PAUL GIRARDOT.